Maria Quinius

•

Ein Satz Erfahrungen

Maria Quinius

Ein Satz Erfahrungen

Gedichte

Bibliografische Information der Deutschen Nationalbibliothek
Die Deutsche Nationalbibliothek verzeichnet diese Publikation
in der Deutschen Nationalbibliografie;
detaillierte bibliografische Daten sind im Internet über
http://dnb.d-nb.de abrufbar.

Rheinstraße 46, 12161 Berlin
Telefon: 0 30 / 76 69 99-0
www.frieling.de

ISBN 978-3-8280-3459-4

1. Auflage 2018
Umschlaggestaltung: Michael Beautemps

Printed in Germany

Inhalt

Zehntausend Worte
gibt es für ein
Gefühl namens Liebe
und nur eine Geste
in Form eines Kusses
vereinigt sie alle.

So dunkel wie die Nacht,
blicken die Augen nach
innen,
um nach der Seele zu suchen,
die Erfüllung verspricht.

In der Tiefe des Seins,
blickst du nach innen,
zu deinem Ursprung,
in dem ein Anfang und
ein Ende wohnen.

Schmale Schultern

Wie müde muss man sein,
um nie wieder aufzuwachen?
Schwere Glieder ziehen den
Körper nach unten, bis er
zusammensackt.

Alles ist so dumpf und verschleiert
– der Kopf fixiert durch
schmale Schultern.

Betrunken stolpert man zu Bett,
um am nächsten Tag ermattet in
ein zerknittertes Gesicht zu schauen,
welches die Antwort nicht kennt.

Einsamkeit wird Zweisamkeit,
tief verbunden in Ewigkeit.

Zeit zu Zweit

Ich denke in so mancher Stunde,
für mich jede Sekunde,
die ich mit dir verbracht
in Liebe und Lust.

Haut auf Haut,
Hand in Hand,
zusammen und doch allein.

Die Sehnsucht treibt mich zu dir,
wie der Wind die Wellen,
das Meer peitscht
und wieder vergisst.

Ein Kompliment

Ein Kompliment kann Berge
versetzen,
wenn du es annimmst,
und alles in Frage stellen,
wenn du nicht weißt, wer
du wirklich bist.

Leben

Ich denke nicht, ich lebe.
Ich frage nicht, ich sage.
Ich erwarte nicht, ich gebe.
Ich hoffe nicht, ich liebe.

Am Ende bin ich frei
und nicht mehr allein,
da ich mich in mir selbst gefunden hab.

Bedingungslos.

Schlichtheit des Seins

Nachts bin ich allein,
vollkommene Dunkelheit hüllt mich ein.
Ich suche Trost und Schutz
in den Tiefen des Schwarz.

Andere treibt es wie Motten
in das Licht,
mich nicht,
ich versinke melancholisch und frei.

Die Sinne geschärft, der Instinkt geweckt,
wie eine Katze schleicht der Schatten
durch die fade Landschaft aus
Blöcken und Pfützen.

Diese Tristess ist Heimat,
der Puls der Zeit
versprüht seinen Charme
nur bei Nacht.

Die Realität verschleiert mit
der Dämmerung,
eingehüllt in die
Schlichtheit des Seins.

In Liebe

In Liebe verharre ich für Stunden,
ohne einen Blick abzuwenden.

Dein Atem beruhigt mich,
gleichmäßig und still.
Das Blut pulsiert, Venen sichtbar
auf der Haut.

In Liebe wache ich über dich.
Mein Leben hängt an deinem
Atem,
zwei Herzen verbunden
in Ewigkeit.

Die Magie des Geldes

Der Konsum grenzenlos,
soll irgendetwas füllen,
was auf der Strecke
verloren ging.
Die Magie des Geldes
beginnt, wenn man es
nicht braucht.

Mann am Fenster
3|'17

Fenster

Fenster über Fenster,
alter Verdruss schaut mürrisch
auf die Welt.
Dunkel und grau – ein aufgezwungener
Einheitsbrei.

Manch´ eins ist offen,
ein anderes geschlossen.
Viele geschmückt und vor
fremden Blicken geschützt.

Nur die Nacht haucht ihnen
Leben ein,
wenn der Vorhang gelöst,
ein Licht den Raum erhellt.

Ein kleiner Kosmos –
viele Herzen und doch allein.

Hoffnung

Hoffnung ist
eine Blume aus Eis,
sie spendet Leben
und doch so
zerbrechlich.

Wenn du mal nicht weiter weißt

Wenn du mal nicht weiter weißt,
dann denke an dich in Glück
und Kraft.

Leidenschaft, die dich umgibt,
trägt dich durch diese
schwere Zeit.

Zuversicht stellt sich ein
mit der Gewissheit, dass alles gut ist,
wenn du daran glaubst.

Der Wille, ist Mut, der das Leben überwindet.

Heute weiß ich nicht genau,
wohin mit mir.
Mit mir allein ist es zu schwer,
mit dir zusammen ist es leichter.
Ich bin ich, neben dir allein
und doch zusammen.

Gardinen

Die Menschen sind so vielfältig
wie ihre Gardinen.

Manche haben bunte Muster,
andere sind klassisch.

Freigeister lieben es offen,
so kann man zeigen, was man hat.

Zerrissen und grau,
alt und vergessen sind die,
die vor langen Jahren
gedacht haben.

Sprache

Eine Sprache kennt
tausend Worte.
Sie ist so alt wie der
Mensch
und so frei wie sein Geist.

Die kleine Glocke

Die kleine Glocke
ist der Klang
des Protests
in einer Welt der
Gleichgültigkeit.

Liebe ist die Antwort

Wie viele Zweifel musst du
ertragen, um zu begreifen,
dass in allen Fragen die
Sehnsucht nach
Anerkennung liegt?

So sei nachsichtig mit dir,
und frage dich,
was du wirklich brauchst.

Liebe ist die Antwort.

Das Rad der Freiheit

Viele kleine Speichen
wollen sich bewegen,
ihren Weg finden
durch alle Gefilde.

Schmal ist der Grat
zwischen Gefahr und
Passion.

Schmal ist das Rad
der Freiheit.

Die Schönheit einer Frau

Die Schönheit einer Frau
liegt in ihrer Stärke,
sie selbst zu sein,
unabhängig gängiger
Ideale und Ablenkungen.
Sich selbst zu lieben
in einer Zeit der
Selbstverständlichkeit.

Das Meer ist so frei wie der Geist, der es betrachtet.

Die große Freiheit

Ein Steinwurf entfernt,
so nah und doch fern
im Herzen.
Eine Illusion der
Liebenden,
eine Hoffnung des
Lebendigen.

Spuren

Spuren hinterlassen,
irgendwas, was bleibt,
außer Staub und
leere Worte.
Spuren – Erinnerungen
an die Individualität des Seins.

Fake or Fame?

Wer bist du,
wenn dein Style zum Trend
und dein Unikat zur Masse
wird?

Gedanken und Bilder
morphen sich zu
Gestalten in der
Dunkelheit des Seins.

Fordert in der Ecke
des Raumes das Auge
der Vergangenheit
mit einem Fingerzeig.

Die Klippe zum Greifen
nah, der Luftzug zieht
am Körper –
irgendwas hält inne
und lauscht dem Puls.

Verschwende

Verschwende deine Zeit.
Es sind diese Momente,
an die du dich erinnerst
ohne Reue, wo du eins
warst mit dir und deinem
Leben.
Wo alles einen Sinn machte.

Die letzte Zigarette

Alles hat seine Zeit,
die Träume und die Wünsche.
Was dich erreicht am Ende,
ist die Hoffnung auf das
große Ganze im Licht der
Welt, und die Dunkelheit
weicht.

Angst

Ich hab' Angst, es zuzulassen,
es zu probieren,
mich darin zu verlieren,
zurückzublicken und
zu wandeln ohne Schatten.

Ein Spiel

Man spielt ein Spiel,
bei dem man die Spielregeln erst kennt,
wenn man verloren hat.

Warten auf den richtigen Moment

Tage vergehen, Monate und Jahre.
Immer der Gedanke –
was wäre wenn?

Mit der Zeit gewöhnt man sich
an das Leben, so wie es ist.
Jede Veränderung verursacht
Unbehagen.

Zuletzt bleibt die Frage,
wie es gewesen wäre,
hätte man der Angst getrotzt.

Langeweile

Langeweile macht sich breit
als Nebenwirkung der
Einsamkeit.
Die bittere Pille der
Unabhängigkeit.

Ich hab gedacht,
nicht dran zu denken,
keinen Gedanken zu
verschwenden und zu
verweilen in der Idee.

Du kannst begreifen, was du bist,
indem du dem, wer du bist,
Antworten gibst.

Dicke Felle

Dicke Felle.
Die Welt ist voller dicker Felle,
die verlernt haben,
verletzlich zu sein
und im Schein nach außen
ihre Wahrhaftigkeit in Frage stellen.

Wenn du glaubst, dann wächst du.
Wenn du schweigst, dann zerbrichst du.

Gedanken

Durchdacht ist jede Stunde,
Minuten zählt die Zeit,
in der wir leben mit
Gedanken der Trostlosigkeit.
Das Herz trauert um
jede Sekunde, in der die
Seele Freude empfand.

Glück

Das Glück ist das, was bleibt,

aus dem, was du gemacht hast.

So I light it up.

SO I LIGHT IT UP.

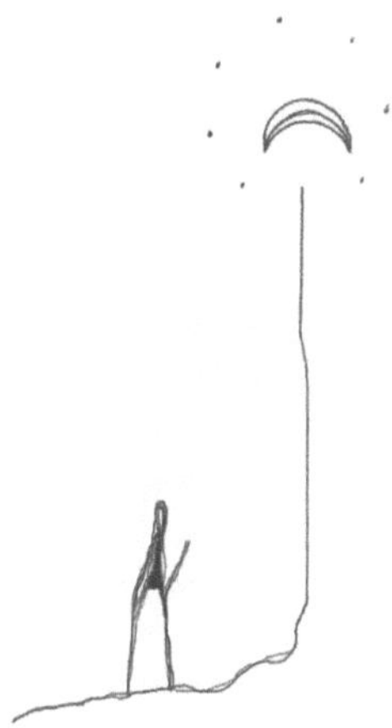

Bildnachweis

Coverabbildung: Maria Quinius

Bild Seite 14: Maria Quinius, „Block II“, 2017, Fineliner & Wasserfarben auf Papier, 21,3 x 15 cm

Bild Seite 18: Maria Quinius, „Mann am Fenster“, 2017, Fineliner & Wasserfarben auf Papier, 21,3 x 15 cm

Bild Seite 24: Maria Quinius, „Block III“, 2017, Fineliner & Wasserfarben auf Papier, 21,3 x 15 cm

Bild Seite 22: Maria Quinius, „Freiheit“, 2017, Fineliner & Wasserfarben auf Papier, 21,3 x 15 cm

Bild Seite 38: Maria Quinius, „Die letzte Zigarette“, 2017, Fineliner & Wasserfarben auf Papier, 29,5 x 20,6 cm

Bild Seite 46: Maria Quinius, „Dicke Felle“, 2017, Fineliner & Wasserfarben auf Papier, 29,5 x 20,6 cm

Bild Seite 51: Maria Quinius, "Light", 2018, Zeichnung, Kugelschreiber auf Papier